Walter Baumann
# Baustile in Zürich

Wo finde ich was?

Architektonische Sehenswürdigkeiten
aus Zürichs reicher Vergangenheit

SV INTERNATIONAL
SCHWEIZER VERLAGSHAUS ZÜRICH

Eine Publikation des
Schweizerischen Bankvereins Zürich
im Schweizer Verlagshaus

Fotos: Wolfgang Quaiser und Archiv Walter Baumann
Gestaltung: Wolfgang Quaiser, Adliswil
© 1987 Schweizerischer Bankverein, CH-8022 Zürich
Druck: Waser Druck AG, Buchs ZH
Umschlagbild: Jugendstil. Das Chachelihaus, Bleicherweg 47
3-7263-6511-7

# Inhalt

| | |
|---|---|
| Vom Leben und Wandel unserer Stadt | 7 |
| Zürich – ein offenes Museum | 9 |
| Bauen vor dem Baustil | 11 |
| Stil – was ist das eigentlich? | 13 |
| Romanik | 15 |
| *Klassische Kirchenbaukunst* | |
| Gotik | 23 |
| *Streben zum Himmel* | |
| Renaissance | 32 |
| *Wiedererweckung der Antike* | |
| Barock/Rokoko | 40 |
| *Pracht der Kirchen und Könige* | |
| Klassizismus | 51 |
| *Protest gegen den Schwulst* | |
| Biedermeier | 56 |
| *Die Ruhe nach dem Sturm* | |
| Historismus | 60 |
| *Repräsentation der Ratlosigkeit* | |
| Jugendstil | 74 |
| *Die letzte gewachsene Ornamentik* | |
| ‹neues bauen› | 78 |
| *Die Maschine des modernen Menschen* | |
| Heimatstil | 83 |
| *Tradition der Nation* | |

## Vom Leben und Wandel unserer Stadt

In Zürich gibt es eine stattliche Zahl bewundernswerter alter Bauwerke. Doch auf die Frage, welches nun das schönste von allen sei, gibt es die verschiedensten Antworten, ganz nach dem persönlichen Empfinden und nach der Zeit, in welcher es gebaut wurde. Liebte man damals Türmchen und Erker, schwungvolle Schmuckelemente, oder begnügte man sich mit dem schönen Ebenmass der Fassaden? Jede Epoche, jede Generation hatte vom Bauen und Wohnen eine andere Auffassung. Neue Ideen, weltgeschichtliche Veränderungen und modernere Baumaterialien haben die Architekten immer wieder veranlasst, die Bauten den neuen Bedürfnissen anzupassen. Aber auch Perioden des Wohlstandes und der Bedürftigkeit drückten sich in den jeweiligen Bauten aus. Sie wurden entweder gross und prunkvoll oder massvoll und bescheiden. So bedeutet jedes erhalten gebliebene Gebäude ein lebendiges Denkmal für den Geist und die Probleme seiner Zeit und ihrer Menschen.

Dieser Baukunstführer möchte zeigen, wie die Jahrhunderte vor uns das Bild Zürichs geprägt haben. Alte Gebäude sind beredte Zeugen der Vergangenheit, welche oft eindrücklicher und begreiflicher sind als vieles, was darüber in den Büchern geschrieben steht. Und sie erschliessen so dem Stilkundigen neue Schönheiten unserer historisch gewachsenen Stadt.

*K. Egloff*

*Kurt Egloff, Stadtrat*

## Zürich – ein offenes Museum

Es gibt viele Möglichkeiten, eine Stadt zu entdecken. Auf Ferienreisen bewundern wir Kirchen, Museen, markante Gebäude und prachtvolle Boulevards. Und wie steht's mit Zürich, der Stadt, die uns am nächsten steht? Der vorliegende kleine Baustil-Führer möchte zeigen, dass es auch bei uns historische Sehenswürdigkeiten gibt, die uns einiges zu sagen haben, wenn wir ihre Sprache verstehen.

Baustilkunde ist keine Geheimwissenschaft, so wenig wie die Kenntnis der am häufigsten vorkommenden Bäume dem Botaniker vorbehalten bleibt. In der Architektur vergangener Epochen spiegeln sich noch heute Ansichten, Absichten und Einsichten unserer Vorvorfahren und der Geist ihrer Zeit.

In Zürich, das von Naturkatastrophen, grossen Bränden und Kriegszerstörungen verschont geblieben ist, hat sich ein ansehnlicher Bestand bemerkenswerter Baudenkmäler erhalten. Sie stehen quer durch die Jahrhunderte harmonisch nebeneinander. So gesehen ist unsere Stadt ein offenes Museum voller architektonischer Denk- und Sehenswürdigkeiten, zu denen wir diesen Wegweiser und Leitfaden geschaffen haben.

Alle erwähnten oder abgebildeten Gebäude zeigen die zeittypischen Formenmerkmale. Sie sind in der Stadt leicht zu finden und öffentlich zugänglich.

*Schweizerischer Bankverein Zürich*

*B. Wietlisbach*

*H. E. Stüssi*

## **Bauen vor dem Baustil**

**Z**ürich, dessen Umgebung bereits im 5. Jahrtausend v. Chr. besiedelt war, wurde schon als die älteste Stadt Europas bezeichnet. Wie die Pfahlbauer der Stein- und Bronzezeit an den Ufern des Zürichseebeckens hausten, wird gegenwärtig eingehend erforscht. Grundlage bilden die in den letzten Jahren unter dem Opernhaus und im Seefeld ans Tageslicht gebrachten Siedlungsreste mit einem noch nie gesehenen Reichtum an Pfählen, Werkzeugen und Geräten. Noch immer ist die alte Frage unbeantwortet, ob die Pfahlbauten über dem Wasser oder direkt am Ufer standen. Da mit einem oft schwankenden Seespiegel zu rechnen ist, war vielleicht beides möglich, was auf eine bereits hochentwickelte Bautechnik schliessen liesse.

Sicher ist, dass die vorgeschichtlichen Menschen ausnahmslos in Holzhäusern lebten. Diese boten eine sehr gute Wärmeisolation, und Holz gab es in unserer damals dicht bewaldeten Gegend in Hülle und Fülle. Die Pfahlbausiedlungen bestanden wohl aus einfachen Nutzbauten, die aus der praktischen Erfahrung heraus laufend verbessert wurden. Die heutigen Wissenschafter interessieren sich für die Aufteilung in einzelne getrennte Räume und für das Nebeneinander von Wohnhäusern und Werkstätten. Ob es damals schon Schmuck am Bau gab? Geräte und Keramikscherben der Pfahlbauer weisen bereits eine so reiche Palette an Ornamenten und Verzierungen auf, dass sie zur lokalen und zeitlichen Einordnung der Funde und Fundstellen benützt werden.

Die Fortentwicklung im Hausbau zu einer besseren und schöneren Konstruktion wird auch weiterbestanden haben, als die Menschen die Seeufer verliessen und überall an Bächen, Flüssen und fruchtbaren Sonnenhängen ihre Weiler, Höfe und Dörfer errichteten. Erhalten hat sich davon kaum etwas, vor allem nichts, was auf einen Baustil, also auf einen markanten Haustypus schliessen liesse. Bestimmt gab es damals schon Gebäudeteile, die der Ästhetik oder religiösen Vorstellungen dienten, doch Holz ist als ein gewachsener

Werkstoff auch entsprechend vergänglich. Der Zahn der Zeit – wenn das etwas schiefe Bild hier einmal gebraucht werden darf – hat an den Häusern unserer Vorvorfahren genagt, dazu kamen immer wieder Brände, und wohl auch gelegentlich kriegerische Zerstörungen.

So beginnt die gesicherte Baustilkunde erst mit den Steinbauten, also mit den Römern, die vor 2000 Jahren unser Land besetzten und hervorragende Steinbauer waren. Sie brachten die hochentwickelte Kultur der Mittelmeerländer über die Alpen. Von ihrer Zeit an stellen wir bedeutende Steinbauten in unserer Gegend fest: Befestigungen, Badehäuser und Brücken. Doch der grösste Teil der ansässigen Urbevölkerung, der Helvetier, wird noch jahrhundertelang in Holzhäusern gelebt haben. Nach dem Abzug der römischen Legionen um 400 n. Chr. werden viele römische Handwerker hier geblieben sein, aber auch die Helvetier hatten sich die neuen Techniken zu eigen gemacht. Mit der Christianisierung unserer Gegend ums Jahr 600 trat eine erste grosse Bauaufgabe in den Vordergrund: der Kirchenbau. Überall entstanden Kirchen und Kapellen je nach der Zahl der Gläubigen. Erbaut wurden grössere Gotteshäuser im Stile der römischen Markt-, Gerichts- und Versammlungshäuser, der Basiliken, die das Zentrum römischer Siedlungen bildeten.

So gesehen, blicken wir auf eine mangels Belegen ‹stillose› Zeit vom Pfahlbau zum Sakralbau zurück, der sich bis zum heutigen Stahlbau ein wellenreicher Strom der wechselnden Kunstformen anschliesst. Bauen heisst nicht nur Wohnen und Arbeiten, als Spiegel der Zeit erscheinen darin vergangene Generationen und Epochen mit ihrem Wissen und Wollen auf dem Weg in die Zukunft, die auch heute noch auf uns wartet.

## Stil – was ist das eigentlich?

**W**ie ist es, wenn wir von jemandem sagen, er habe Stil? Das Wort stammt aus dem lateinischen ‹stilus›, der römischen Bezeichnung für ‹Schreibgriffel›, die schliesslich im übertragenen Sinn ‹persönliche, künstlerische Handschrift› bedeutete. Einem Menschen mit Stil attestieren wir heute eine offensichtliche Sicherheit des persönlichen Geschmacks, einen Instinkt für das, was zu ihm passt. Er oder sie versteht es, die Kleider, die Möbel, den persönlichen Rahmen richtig zu wählen. Im Lateinischen heisst ‹wählen› ‹eligere›, woraus das Wort ‹Eleganz› hervorging.

Bleiben wir bei diesem Begriff aus der Mode, die ja dem Zeitgeschmack ganz besonders unterworfen ist. Denn die Eleganz von heute ist nicht jene von gestern. Sie wechselt mit der Mode, in Farben, Stoffen und Schnitt und ist zugleich Ausdruck des Lebensgefühls. Ähnlich signifikant und doch auch dauernd im Wechsel begriffen ist die Kunst, in unserem Falle die Baukunst. Baustil ist die Verkörperung einer ganzen Epoche mit ihrem Denken, Fühlen, aber auch mit ihren finanziellen und technischen Möglichkeiten. Ist eine Zeit mehr auf äusseren Prunk oder auf Wohnlichkeit und persönliche Lebensatmosphäre ausgerichtet? Und wer macht die Mode und den neuen Stil? Zumeist die tonangebende, sich gerne repräsentierende Gesellschaft. Doch jede Generation hat das Bedürfnis, sich von ihren Vätern zu unterscheiden. Zwar übernimmt sie die Grundzüge ihrer Lebensweise, um aber Neues hinzuzufügen, entsprechend der dauernden Veränderung der Geschichte und des Weltbildes.

Erst aus einer gewissen zeitlichen Distanz lassen sich die typischen Grundformen und Zusammenhänge einer Epoche erkennen. Grundsätzlich gilt, dass jeder Kunst- und Baustil seinen Namen erst erhielt, als er bereits vorbei und überwunden war. Die meisten Baustilbezeichnungen haben deshalb etwas Spöttisches, Verächtliches, denn man glaubte, nun endlich Neues und Besseres gefunden zu haben.

So gesehen ist ein Baustil immer das Bild des Lebens

und Strebens einer vergangenen Epoche. Er begann nie ganz plötzlich und wurde oft noch weit in die kommende Zeit hinein angewendet und kopiert.

Stilverspätungen sind für die Schweiz bezeichnend, da sie zumeist recht abseits jener Zentren lag, in denen neue Moden und Stile kreiert wurden.

# **Romanik**

*Klassische Kirchenbaukunst*

**D**as Mittelalter dauerte rund tausend Jahre. Es war keine einheitliche Epoche. Die grosse religiöse, politische und kulturelle Zäsur war die Jahrtausendwende. Aufgrund der Bibelstelle vom tausendjährigen Friedensreich auf Erden erwarteten auf das Jahr 1000 alle den Weltuntergang. Der damals anhebende Stil der Romanik wurde zum Ausdruck eines neuen Lebensgefühls. Mit neuem Selbstverständnis begann die Kirche im 11. und 12. Jahrhundert grosse Gotteshäuser zu bauen. In ihrer weithin sichtbaren Schönheit inmitten der vielen kleinen Holzhäuser einer Stadt galten sie als Sinnbild der alttestamentlichen Arche, in der unter Gottes Hut sämtliche Gläubigen der Gemeinde Platz fanden. Die Gottesburgen wurden nach der hervorragenden Bautechnik des alten Rom erbaut, aber nicht nach den Tempeln, die den römischen Göttern dienten, sondern nach Profanbauten, vor allem in der Art der römischen Markt- und Gerichtshallen, Basilika genannt. Deren aufrechtes Langhaus wurde der Grösse wegen durch Säulenreihen in drei oder fünf Schiffe unterteilt.

Bauelemente waren mächtige behauene Quadersteine und Rundbogen, wie sie in der Antike für Fenster, Triumphbögen, Aquädukte und Brücken verwendet wurden. Die romanische Kirchenarchitektur verzichtete zunächst auf jede plastische Gliederung, so dass die Räume etwas Höhlenartiges bekamen. Die Wände sind glatt; aussen, der Dachtraufe nach, haben sie einen Saum von wenig vorspringenden kleinen Bögen. Später kam von Frankreich her die Tendenz nach etwas mehr Raumgliederung. Die zwei oder vier Säulenreihen im Innern ergaben bei der Verwendung stets gleich grosser Abschlussbögen eine recht strenge Geometrie, der die Deckeneinteilung in Rechtecke und Quadrate entsprach. Diese Liebe zur strengen Form zeigt sich auch in der Verwendung von würfelförmigen Säulenkapitellen und gewürfelten Friesen. Als plastisches Schmuckelement wurde zunehmend die menschliche Figur ver-

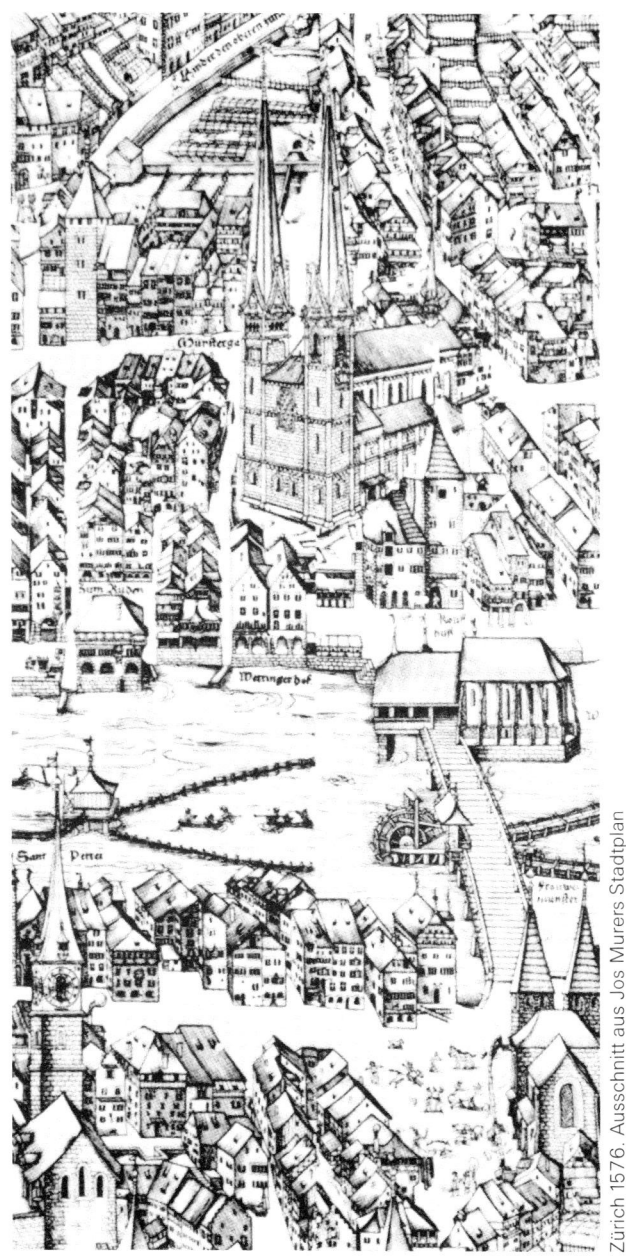

Zürich 1576. Ausschnitt aus Jos Murers Stadtplan

wendet, zumeist in biblischen und legendären Szenenbildern.

Die Bezeichnung ‹romanischer Stil› oder ‹Romanik› für die früheren Namen ‹lombardischer› oder ‹Rundbogen-Stil› entstand erst um 1840.

In Zürich – die Stadt war wohl lange Zeit nur aus Holz erbaut – entstanden nach dem Jahr 1000 zwei bedeutende, imposante Kirchenbauten, die sich als Männer- und Frauenkloster mit verschiedenen Machtansprüchen beidseits der Limmat gegenüberstanden: das Grossmünster und das Fraumünster, das später aber grösstenteils ‹gotisiert› wurde.

*Das Grossmünster*
Im Jahr 1078 muss in Zürich eine Kirche, vermutlich das Grossmünster, abgebrannt sein. Bis dahin stand auf der kleinen Anhöhe bei der Limmat, auf der die enthaupteten Stadtheiligen Felix und Regula nach der Legende begraben wurden, eine Toten- oder Gedächtniskapelle, in der eine Art Mönche die Gräber bewachten und die Pilger bedienten. Nach der frühesten Urkunde wurden in der zweiten Hälfte des 9. Jahrhunderts Teile der Heiligengebeine als Reliquien ins Fraumünster überführt.

Vom heutigen Bau wurde die Krypta und die darüberliegende Choranlage um 1100–1117 errichtet. Die dreischiffige romanische Basilika entstand im 12. und 13. Jahrhundert, und zwar durch norditalienische Baumeister nach dem Vorbild der Kirche Sant'Ambrogio in Mailand. Der Kirchenraum, ein hoher, imposanter Quaderbau, und die drei unteren Geschosse der Doppelturmfassade sind rein romanisch. Das kastenförmige Hauptportal erinnert an einen römischen Triumphbogen. Bemerkenswert am Nordturm auf der Höhe des dritten Geschosses ist ein Reiterrelief, das um 1180 nach einem Vorbild aus Pavia entstand. Wen es darstellt, ist unbekannt.

Das romanische Innere wirkt wie zur Zeit der Romanik etwas nüchtern. Einmalig in der Schweiz sind die rund 120 Reliefs an Kapitellen, Schlusssteinen usw. Sie

1 Grossmünster. Romanisch sind das Kirchengebäude, das Hauptportal und die drei unteren Turmgeschosse.   2 Grossmünster. Inneres mit Rundbogen und Reliefs an den Kapitellen.

Grossmünster-Kreuzgang.

Säulenkapitell mit Karl dem Grossen und den Stadtheiligen Felix und Regula, Um 1170.

stammen aus dem 12. Jahrhundert, sind noch original und im besten Zustand. Am interessantesten ist die Darstellung am dritten nördlichen Pfeiler: Der auf einem Pferd jagende Kaiser Karl der Grosse, angeblich der Stifter des Münsters, findet die Gräber der Heiligen Felix und Regula; datiert 2. Hälfte des 12. Jahrhunderts. Die dreischiffige Hallenkrypta, die grösste der Schweiz, besitzt Rundbogen und 32 Säulen mit Würfelkapitellen. Sie bilden eines der schönsten Kapitellensembles der Romanik; um 1100–1107.

Der östlich im ehemaligen Gebäude der Chorherren angebaute Kreuzgang von 1158 hat den 1851 erstellten Neubau nur teilweise überstanden. Original sind der westliche und südliche Flügel, die beiden andern enthalten Kopien und Nachahmungen. Stilistisch erinnert die reiche romanische Plastik an lombardische Vorbilder. Bemerkenswert ist der schon in der Antike beliebte Dornauszieher und der Steinhauer, eines der frühesten Selbstbildnisse in der Schweiz. Vermutlich hat sich darin der anonyme Bildhauer selbst konterfeit.

1 Grossmünster. Hallen-Krypta mit Skulptur Karls des Grossen.
2 Grossmünster-Kreuzgang. Vermutlich Selbstdarstellung des Bildhauers. Um 1160. 3. Fraumünster. Maske im romanischen Teil des Kreuzgangs.

Fraumünster. Bogenverzierungen von 1170 am Südturm.

Romanisches Relief im Fraumünster-Kreuzgang.

*Fraumünster*
Im Jahre 853 überschrieb König Ludwig der Deutsche seinen Töchtern Hildegard und Berta ein bereits bestehendes Kloster in Zürich, in der Stiftsdamen des hohen Adels nach den Regeln der Benediktinerinnen ein frommes Leben führen sollten. Sie erbauten ein grosses Münster, das am 11. September 874 geweiht wurde: eine dreischiffige Basilika, die in der Folge im Sinne der Romanik mehrmals umgebaut wurde. Gegen 1170 wurde der später verkürzte romanische Südturm angebaut. In einer Gesamterneuerung von 1250 an wurde die Kirche in neuem gotischen Stil umgebaut, wobei nur noch wenig Romanisches beibehalten wurde.

Romanisch geblieben sind die Bogenverzierungen von 1170 am Südturm und der um 1260 entstandene Chor mit den heutigen Chagall-Glasfenstern. Im noch immer Kreuzgang genannten Durchgang zwischen der Kirche und dem 1898 erbauten Stadthaus haben sich im umgestalteten, einst quadratischen Kreuzgang romanische Elemente erhalten, und zwar im sogenannten romanischen Flügel auf der Limmatseite entlang dem südlichen Querschiff.

*Wichtigste Erkennungsmerkmale der romanischen Architektur*
*Halbkreisförmige Rundbogen.*
*Säulen mit Würfelkapitellen oder figuralem Schmuck.*
*Glatte Wände, die innen oft ganz übermalt waren.*
*Behauene Mauerquader.*
*Aussen Zierarkaden mit Bogen oder Leisten mit Würfelelementen.*
*Verhältnismässig strenge Geometrie, an den Decken oft in Rechtecken und Quadraten erkennbar.*

## **Gotik**

*Streben zum Himmel*

In der im 13. Jahrhundert sich zuspitzenden Auseinandersetzung zwischen Kaiser und Papst um die Vormacht im Abendland wurde die Religiosität zu höchsten Leistungen angespornt. Das Ringen um den bedrohten Gottesstaat erreichte in der Gotik seinen vollendetsten Ausdruck. Für die mittelalterlichen Menschen, die, bedroht von Krankheiten und Hunger, in einfachsten, niedrigen Holzhäusern lebten, war das Betreten einer riesigen Kathedrale ein himmlisches Erlebnis.

Leitender Gedanke der Kirchenbauer war die Überwindung der irdischen materiellen Bedingungen in Stil und Technik.

Der gotische Stil in seiner scheinbaren Schwerelosigkeit und seiner himmelstürmenden Vertikalität entstand in Nordfrankreich zur Zeit der Kreuzzüge und der mit ihnen verbundenen religiösen Begeisterung. Auf möglichst schmaler Basis – so lebten auch die Menschen – versuchte die Gotik möglichst hoch in den Himmel hinaufzubauen. Im Chor der Kathedrale von Beauvais, 1247 begonnen, wurde eine innere Höhe von 47,6 m erreicht, was zum Einsturz der Gewölbe führte. Der Münsterturm von Ulm, 1377 begonnen, ist mit 161 m Höhe einer der höchsten Türme der Welt. Zur Leichtigkeit der Architektur trat das Streben nach möglichst viel Licht im Kirchenraum. Man durchbrach die Mauern mit so vielen Fenstern, dass die das Dach tragenden Wände nach aussen mit einem ganzen System von Strebepfeilern abgestützt werden mussten.

Wesentliches Ergebnis des Wunsches nach überirdischer Höhe war das schmale Spitzbogenfenster, das als Hauptmerkmal der Gotik gilt. Erreicht wurde dies durch einen Knick im Scheitel des bisherigen Rundbogens, dessen Höhe durch die Spannweite bestimmt war. Jetzt – erstmals 1140 im Dom von St. Denis bei Paris – erlaubte der Spitzbogen sehr hohe, schmale Fensterabschlüsse, die wie Pfeile zum Himmel zeigten. Gefüllt wurden die Fensteröffnungen mit farbigen Glasbildern, die durch

Masswerk (geometrische Steinrippen in der Fensterspitze) unterteilt waren. Das gotische Fenster war nicht mehr ein notwendiges Loch in der Mauer, sondern ein Stück selbstleuchtende Wand geworden, eine lichtdurchlässige Wandmalerei von magischer Wirkung.

Das Streben nach Höhe zeigte sich auch in der Bildung der Giebel. Sie wurden hoch und spitz, und an allen erdenklichen Stellen, wo Giebel gar nicht nötig waren, wurden aus purer Freude an der spitzen Form sogenannte ‹Wimperge› als Bekrönung von Portalen, Fenstern und Baldachinen entwickelt, filigranartige, frei in die Luft aufragende Steintafeln. Dazu kamen ‹Fialen›, kleine spitze Ziertürmchen auf Strebepfeilern, Dachvorsprüngen usw.

Als Wegweiser zum Himmel wurden schliesslich die hohen Türme betrachtet. Von Spitzbogenfenstern belebt, von durchbrochenen oder geschlossenen schlanken Spitzhelmen bekrönt, endete das Ganze in einer wirkungsvoll abschliessenden Kreuzblume.

Im Machtkampf zwischen Kaiser und Papst versuchten die Ritter und die aufstrebenden Städte ihren Stand zu wahren und zu mehren. Die gotischen Kathedralen sind zum Teil schon Werke des Bürgertums, das sich vorerst ohne eigene Lebensform dem Stil der ritterlichen Welt anpasste. Mystische Frömmigkeit und höfische Eleganz prägten die oft von Adeligen gestifteten Madonnen- und Heiligendarstellungen auf den Kirchenfenstern. Ein weltliches Pendant stellt die berühmte Manesse-Liederhandschrift dar, die um 1300 in Zürich entstand und sich heute in Heidelberg befindet.

Die Bezeichnung ‹gotisch›, soviel wie ‹barbarisch›, entstand in der Renaissance als Schimpfname aus dem Irrtum der Italiener (Giorgio Vasari), dass die Goten die eigentlichen, barbarischen Zerstörer Roms und damit der antiken Bauweise gewesen seien. Den wohl entscheidenden Beitrag zur neuen Wertschätzung der Gotik leistete der junge Goethe 1770 durch seinen von Herder veröffentlichten Aufsatz über das Strassburger Münster ‹Von der deutschen Baukunst›.

In der Schweiz wurden im Laufe der Zeit viele romanische Kirchen ganz oder teilweise gotisiert. Das Fraumünster wurde von 1250 an im neuen Stil umgebaut, die Grossmünstertürme erhielten vom vierten Stockwerk an Spitzbogenfenster. Der erste völlig gotische Bau in der

1 Ritter Rudolf Brun. Neuere gotisierende Skulptur im Fraumünster-Kreuzgang. Um 1900. 2 Fraumünsterkreuzgang. Ein Hirsch mit strahlendem Geweih zeigt den Königstöchtern Hildegard und Berta, wo sie ein Kloster errichten sollen. Fresko von Paul Bodmer. 3 Die gotischen Turmgeschosse des Grossmünsters.

Schweiz entstand 1255 als Klosterkirche von Kappel am Albis, deren prachtvolle Farbfenster noch erhalten sind. In den Städten entstanden im 13. Jahrhundert verschiedene Bettelordenklöster der Franziskaner und Dominikaner, die als Zeichen ihrer Armut auf einen Turm ver-

1 Gotischer Teil des Fraumünster-Kreuzgangs, erkennbar an den Spitzbogen. 2 Der älteste Teil der Passage unter den Bögen am Limmatquai zeigt gotische Spitzbogen.

zichteten. Vom Barfüsser- bzw. Franziskanerkloster in Zürich bei den Unteren Zäunen haben sich noch drei Arkadenflügel des spätgotischen Kreuzganges erhalten. Grossartiges Beispiel der schweizerischen Bettelordenarchitektur ist der im 14. Jahrhundert entstandene Chor

1 Aus gotischer Zeit stammt die später mehrmals umgebaute Schipfe. 2 Gotisches Masswerk im ehemaligen Kreuzgang des Barfüsserklosters. Untere Zäune.

Gotisches Masswerk am Fraumünster.

der Predigerkirche der Dominikaner am Zähringerplatz. Der hohe, vielfenstrige Chor besitzt nur schmale, rippenartige Aussenstreben. Ein besonders sehenswerter gotischer Bau mit Strebepfeilern und einer sehr schönen netzartigen Decke ist die Wasserkirche, 1479–84 im Auftrag Hans Waldmanns von Hans Felder erbaut. Sie diente dem Gedächtnis der an dieser Stelle auf einer Sandbank in der Limmat hingerichteten Stadtheiligen. In ihr wurden die in den Burgunderkriegen erbeuteten Fahnen und Waffen ausgestellt.

Bürgerliche Bauten: Im Hochmittelalter (–1250), als viele Städte erst gegründet wurden, umgab sich die seit 1218 freie Reichsstadt Zürich bereits mit einer starken Stadtmauer, von deren Bau um 1230 erstmals berichtet wird. Ein kleines Stück der Mauer (mit Bronzetafel) hat

1 Wasserkirche mit gotischen Fenstern und Strebepfeilern, 1479–84.  2 Hohe gotische Fenster am Chor der Predigerkirche mit rippenartigen Aussenstreben. 14. Jh.  3 Dachreiter auf der Wasserkirche. Sie wurde über der Hinrichtungsstätte der Stadtheiligen erbaut.  4 Fiale am Fraumünster.

 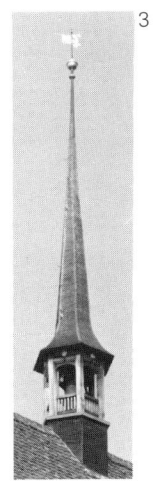 

sich an der Ecke Gräbligasse/Seilergraben bis heute erhalten. Dass Zürich, aus einer römischen Siedlung herausgewachsen, schon früh ein bedeutender Handels- und Marktplatz war, unterstrich Bischof Otto von Freising (†1118) in seinem Ausspruch, Zürich sei ‹die vornehmste Stadt Schwabens›. Neuere Untersuchungen

Grimmenturm mit gotischen Fensterpaaren. Zürichs besterhaltener Adels-Wohnturm am Neumarkt entstand im ausgehenden 13. Jh.

haben ergeben, dass Zürich schon um 1200 eine ganze Reihe von Steinbauten aufwies, die aber bis auf wenige Details heute dem Aussenstehenden kaum mehr erkennbar sind. Ausnahmen bilden die einstigen Rittertürme, die kurz vor dem Bau der Stadtmauer oder gleichzeitig entstanden sein dürften: der Glentnerturm an der Limmat und der Rosengasse, der Biberturm oder Wellenberg Ecke Rosengasse/Niederdorf, der Bilgeriturm am Neumarkt, der Grimmenturm Ecke Spiegelgasse/Rindermarkt, der Manesseturm oder das Steinhaus am oberen Ende der Kirchgasse usw. Die Glentner, Biber, Bilgeri, Grimmen und Manesse waren Zürcher Adelsgeschlechter. Am schönsten erhalten ist der von Osten noch recht trutzig wirkende Grimmenturm aus dem letzten Viertel des 13. Jahrhunderts mit gotischen Fensterpaaren. Bei seiner Restaurierung 1964–66 wurde das einstige hohe Spitzdach wieder rekonstruiert.

Weitere gotische Zeugen: Haus zum Rüden, Limmatquai 42: Gotischer Saal. Zunfthaus zur Schmiden, Marktgasse 20: Spätgotische Felderdecke im Zunftsaal. Verschiedene Häusergruppen, z. B. die Schipfe, die aber im 17. und 18. Jahrhundert umgebaut wurde.

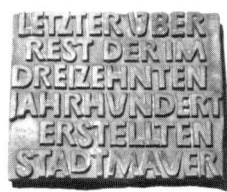

Erinnerungstafel am letzten erhaltenen Rest der Stadtmauer. Oberes Ende der Gräbligasse.

*Besondere Erkennungsmerkmale des gotischen Stils*
*Spitzbogen, Fenster mit Masswerk und farbigem Glas.*
*Schmale, hohe Kirchenbauten mit Betonung der Vertikalen.*
*Hohe, spitze Türme, ausgenommen Kirchen der Bettelorden.*
*Steile Dächer mit spitzen Aufsätzen.*
*Aussen an den Kirchen Strebewerke.*

## Renaissance

*Wiedererweckung der Antike*

Der um 1820 in Frankreich geprägte Begriff Renaissance geht auf den italienischen Kunsthistoriker Giorgio Vasari zurück, der im 16. Jahrhundert von einer ‹rinascità› (Wiedergeburt) der italienischen Baukunst schrieb. Er meinte damit die Überwindung der Gotik, die nach seiner Meinung von nördlichen Barbaren, den Goten, stammte. Die um 1420 im aufblühenden Stadtstaat Florenz einsetzende Erneuerungsbewegung führte zur Wiederentdeckung der antiken Kultur, die von der Kirche jahrhundertelang verdrängt wurde, da nur der Papst und die Bibel das Weltbild bestimmen durften.

Die Renaissance, vom Basler Jacob Burckhardt als Begriff für die ganze geistesgeschichtliche Epoche angewendet, gilt heute als Kulturwende vom Mittelalter zur Neuzeit. Entscheidend war der Rückgriff auf die Wissenschaften der Antike, die exakte Naturbeobachtung und das physikalische Experiment. Der Wirklichkeitssinn löste die mystische Verklärung der Gotik ab. Die Entdeckung der Perspektive in der Malerei, die Darstellung des Menschen und der Natur in nichtbiblischen Szenen, die Entdeckung neuer Kontinente, der Nachweis der Kugelgestalt der Erde, welche die Griechen schon kannten, und die Erforschung der Himmelsgesetze schufen ein neues Weltbild. Mit der im Urtext gelesenen Bibel und dem Studium der Werke der Kirchenväter hoffte man Massstäbe für die Erneuerung der Kirche zu finden. Durch die Entdeckung der Buchdruckerkunst verbreitete sich die Basis des Wissens und der Forschung in nie dagewesener Weise. 1518 jubelte Ulrich von Hutten: ‹Oh Jahrhundert! Oh Wissenschaft! Es ist eine Lust zu leben.›

Die in ihrer Lehre bedrohte Kirche versuchte nun, das mittelalterliche Weltbild zu retten. Sie sah die Erde als Jammertal, in dem die Menschen das Jenseits zu verdienen hatten. Galileo, der ein eigenes Fernrohr gebaut hatte, musste seiner auf Kopernikus fussenden Lehre von der Beweglichkeit der Himmelskörper, der Himmelsmechanik, abschwören, weil es in der Bibel (Josua, Kapitel 10) anders steht; Giordano Bruno wurde 1600 verbrannt, weil er das Weltall als unendlich bezeichnete.

Für die Baukunst galt die römische Antike mit Säulen, Gebälk und Giebeldreieck oder Bogenabschluss als Vor-

Renaissance-Atmosphäre an der Augustinergasse.

1 Rathaus. Fensterbekrönung, bereits in frühbarocker Weise unterbrochen und mit einer Büste verziert. 2 Zunfthaus zur Zimmerleuten. Hauszeichen am aus der Gotik übernommenen, umgebauten Erker.

bild. Die himmelstürmende Gotik wurde durch breitgelagerte Gebäude ersetzt. Typisch ist die Betonung der Horizontalen und die klare Linienführung mit klassischen Schmuckelementen. Hatte sich in der Gotik das Einzelne ins Netz des Masswerkes einzufügen, bekam nun jedes Bauelement wieder seinen eigenen künstlerischen Wert. Beliebt waren klassische Rundbogen, Tonnengewölbe, Kuppeln und helle Innenhöfe. Porträtbüsten, Statuen, Denk- und Grabmäler wurden zur Hauptaufgabe des Künstlers, der – besonders Michelangelo Buonarotti mit seinem ‹David› – den schönen, nackten Körper darzustellen suchte, was von der Kirche bislang als Sünde verfolgt wurde. Eine grossartige Renaissancegestalt war der Maler, Architekt, Ingenieur und Techniker Leonardo da Vinci; die Ergebnisse seiner

Zunfthaus zur Zimmerleuten. Limmatquai 40.

Forschungen notierte er sich vorsichtshalber in Spiegelschrift.

Renaissancebauten sind in Zürich nur spärlich vertreten; am repräsentativsten ist das Rathaus, das mit der bei uns üblichen Stilverspätung entstand. Als privates Palais ist das Bürgermeisterhaus ‹Zum untern Rech› zu betrachten. Ein sehr schönes Spätrenaissancezimmer aus dem Haus ‹Alter Seidenhof› mit einem bemalten Fayenceofen von 1620 ist im Schweizerischen Landesmuseum zu besichtigen. Den Gesamteindruck einer Spätrenaissancestube vermittelt der grosse Zunftsaal im Obergeschoss des Zunfthauses ‹Zur Zimmerleuten›, doch der Erker stammt vom gotischen Vorgänger. Renaissancehaft wirken auch die Erker in der Augustinergasse, die aber bereits das Beiwerk späterer Baustile

Zürichs schönstes Renaissance-Gebäude ist das Rathaus von 1699. Typisch ist die betonte Breitenwirkung mit regelmässiger Einteilung der Geschosse und reichem, aber gleichmässig rundum verteiltem Schmuck.

tragen. Ein schönes Beispiel für Renaissance an der Aussenarchitektur stellt schliesslich der 1548 angebrachte dreigeschossige Erker am Haus ‹Zur Kerze›, Rüdenplatz 2, dar: typisch sind die Säulen, die Gesimse und die geschlossenen Halbkreisfelder als Flächenfüllung.

*Das Rathaus*
Der über dem hölzernen mittelalterlichen Vorgängerbau 1694–99 freistehende Gebäudekomplex erinnert an Palazzi der Spätrenaissance. Der Architekt ist unbekannt, vermutlich geht die Fassade auf eine Darstellung des römischen Architekten Vitruvius zurück, der zur Zeit Cäsars das Werk ‹De architectura› verfasste, welches 1550 in Strassburg in gedruckter Form erschien. Aus-

Das erst zwei Jahre später, 1701, angefügte Säulenportal zeigt bereits frühbarocke Elemente.

geführt wurde der Bau von den Ratsherren J. H. Holzhalb und J. Schaufelberger. Nach den Bauakten wollte man ‹ein prächtiges, reputierliches Gebäu› erstellen, doch ohne allen Luxus. Typisch ist die betonte Breitenwirkung mit regelmässiger Einteilung der Geschosse und reichem, aber gleichmässig verteiltem Schmuck. Jede einzelne der vier Fassaden ist durch das gleiche System gegliedert, keine ist der anderen untergeordnet. Damit erschien im puritanisch zurückhaltenden Zürich erstmals jene Wandgliederung im Grossen, die letzten Endes auf antike Theaterbauten wie das römische Kolosseum zurückgeht. Bereits frühbarock wirken die oben unterbrochenen Giebel und Bogen über den Fenstern. Das strassenseitige Säulenportal wurde erst 1701 angefügt. 1703 lobte der Engländer Joseph Addison, das

Der Stüssibrunnen auf der Stüssihofstatt. Farbige Skulptur von 1575.

ganze Gebäude sei so gut konzipiert, dass es auch in Italien gute Figur machen würde. ‹Schade nur, dass die Schönheit der Mauern durch eine grosse Menge kindischer lateinischer Sprüche verunstaltet ist.› Da steht zum Beispiel der Satz: ‹Der grösste Schatz eines Volkes sind die Rüben aus dem eigenen Boden.›

Schöne Beispiele für Renaissance-Skulpturen sind der Stüssibrunnen von 1575 auf der Stüssihofstatt, dessen Figur angeblich den 1443 in der Schlacht bei St. Jakob an der Sihl gefallenen Bürgermeister Rudolf Stüssi darstellt, und der Fischmarktbrunnen beim Haus ‹Zur Kerze› am Limmatquai. Die um 1550 entstandene Figur zeigt den im alten Testament (Buch der Richter) erwähnten Löwenbezwinger Samson. Der Brunnen stand früher etwas weiter unten am Fischmarkt gegenüber dem Rathaus.

Hauszeichen am
Haus zur Kerze, 1548.
Rüdenplatz 2.

*Wichtigste Erkennungsmerkmale der Renaissance*
*Breite Lagerung der Bauten.*
*Betonung der Horizontalen.*
*Ruhige, gleichmässige Gliederung.*
*Verwendung antiker Bauelemente.*
*Darstellung von Persönlichkeiten und Gestalten aus der Antike.*
*1570 schrieb der italienische Baumeister Andrea Palladio: ‹Schönheit wird sich ergeben aus der Form und Beziehung des Ganzen zu den verschiedenen Teilen, der Teile untereinander und dieser wiederum zum Ganzen.›*

# **Barock/Rokoko**

*Pracht der Kirchen und Könige*

**D**er Name ‹Barock› stammt aus dem portugiesischen ‹barocco›, womit eine schiefe Perle, eine misslungene Rundung bezeichnet wurde. Gegen Ende des 18. Jahrhunderts tauchte er als abwertender Ausdruck für die Baukunst des 17. und 18. Jahrhunderts auf, die damals als schwulstig und verlogen empfunden wurde. Erst im 19. Jahrhundert wurde der oder das Barock zu einem wertfreien Stilbegriff für die Kunst zwischen Renaissance und Klassizismus, wobei der leichtere, von Frankreich beeinflusste Spätbarock als Rokoko bezeichnet wird.

Grundsätzlich ist der oft theatralische Stil, ausgehend von Michelangelos Peterskirche in Rom, die Antwort der Kirche auf die Renaissance und die Reformation. Sie bekämpfte die Bedeutung der vorchristlichen Antike. Der 1540 gegründete militante Jesuitenorden des Spaniers Ignatius von Loyola versuchte in der Gegenreformation die der römischen Kirche verlorengegangenen Gebiete wieder zurückzugewinnen.

Der Baustil des Barock widerspricht bald in allen Teilen jenem der Renaissance, aus dem er herausgewachsen war: das einzelne Formelement musste sich dienend dem grandiosen Gesamteindruck unterordnen. Es ging darum, die Grösse, die Schönheit und die Macht der Kirche wieder herzustellen. Die Parallele ist nicht zu verkennen: das in der Renaissance wichtig gewordene Einzelindividuum sollte sich wieder der alleinseligmachenden Kirche unterstellen. Aber auch Fürsten und ihr absolutistisches Streben ‹von Gottes Gnaden› machten sich den machtvoll repräsentierenden Baustil mit einer nie gesehenen Prachtentfaltung zunutze. Daraus ergibt sich, dass im reformierten, puritanischen, von Zünften regierten Zürich kaum barocke Bauwerke zu finden sind, wohl aber in katholisch gebliebenen Klosterorten, wie Rheinau, Einsiedeln, St. Gallen und Muri.

Angestrebt wurde im Barock die Verbindung von

Architektur, Malerei, Plastik und Kirchenmusik zu einem gewaltigen Gesamteindruck. Das Barock wollte auf die Menschen wirken und benutzte dazu die theatralische Steigerung von Formen, Farben, Bewegungen und oft auch die optische Täuschung. Die Malereien im Innenraum schufen Raumillusionen, welche die reale Tiefe, Weite und Höhe des Gebäudes weit über ihre architektonischen Grenzen hinaus ausdehnten. Die schon in der Renaissance vorgebildete Kuppel sollte den Blick nach oben in eine fast imaginäre Höhe lenken.

Typisch an der Barockfassade sind die vorgeschobenen, nach aussen gewölbten Teile, meist der Wandmitte. Auch im Ornament wird die gerade Linie vermieden. Der Raum bekommt dadurch unwirkliche, kaum mehr genau abzuschätzende Dimensionen. Vorherrschend sind gebogene Elemente, gewundene Säulen, der Schwung, die Bewegung, Kraft und Spannung, das leidenschaftliche Bekenntnis zur erhabenen, nicht mit irdischen Massstäben erfassbaren Grösse.

In Zürich, das der Gegenreformation ablehnend gegenüberstand und auf seine eigenständige, weitgehend demokratische Staatsform pochte, entstanden zahlreiche Brunnen mit Figuren aus der antiken Mythologie als Erbe der Renaissance. Schöne Beispiele sind der Herkulesbrunnen von 1732 an der heutigen Bahnhofstrasse und der Jupiterbrunnen von 1750 am Neumarkt. Typisch ist an ihnen die quadratische Sockelplatte.

Das Rokoko um 1730 bis 1770 als Spätstufe des Barock ist im Wesentlichen ein raffiniert verfeinerter Dekorationsstil, der lange Zeit als übertriebener, die Sinne reizender Schnickschnack belächelt wurde. Der Name Rokoko ist vom französischen ‹rocaille›, d. h. ‹Grotten- und Muschelwerk›, abgeleitet und nennt gerade auch das überall präsente Hauptornament: die Rocaille, jene über Wände, Decken und Spiegelrahmen gegossenen Stukkaturen, die nicht selten an Konditorei-Phantasien aus Meringue-Teig erinnern. Auch die Pastellfarben erinnern an Zuckerguss, ohne aber süsslich-kitschig zu wirken. Der ernste Eifer des glaubenskämpferischen Barock war in die tänzerisch verspielte Lebensfreude der Menuettzeit übergegangen.

Die Innenarchitektur des Rokoko, in Frankreich ‹Style Louis-seize› genannt, ist vom Geschmack der grossen

1 Herkulesbrunnen an der Bahnhofstrasse, Eingang Rennweg, 1732. 2 Jupiterbrunnen am Neumarkt, 1750. 3 Barockfassade in der Brunngasse.

Pariser Salons beeinflusst. Es war die verschwenderische Zeit der Madame Pompadour, der Madame Dubarry, der bezaubernden königlichen Mätressen und anderer hübscher und geistreicher Damen, die mit ihrer Lebensart den koketten Wohnstil ihrer Zeit prägten:

1 Zunfthaus zur Meisen, Fassade gegen die Limmat, 1757.
2 Zunfthaus zur Meisen, Hausemblem mit Zunftzeichen und Baujahr.

leicht, zierlich, kostbar und geschmackssicher.

Zürichs schönste Rokokobauten sind die vom damaligen Vorsteher der zürcherischen Baumeister David Morf (1700–1773) erbauten Prunkhäuser ‹Zur Meisen› und ‹Zum Rechberg›.

1 Predigerkirche. Barockes Seitenportal mit Vorhalle, 1614. 2 Zunfthaus zur Meisen, Eingangstor zum Ehrenhof, 1760 von Joh. Heinr. Dälliker.

*Das Zunfthaus ‹Zur Meisen›*
Der 1752–57 erbaute Prachtbau am Münsterhof, Zürichs damals grösstem Platz, steht am Übergang vom Barock zum Rokoko durch die für Zürich typische Stilverspätung. Der Hofraum mit seiner ausgebuchteten

Zunfthaus zur Meisen, Turmofen um 1760 von Leonhard Locher.

Mauer steht in intensiver Beziehung zum Platz. Das an der Pracht des Baus wesentlich beteiligte Schmiedeisen stammt von Johann Heinrich Dälliker. Typisch sind auch die für Versailles von Jules Mansart entwickelten Mansardendächer. Im Innern führt eine Hufeisentreppe empor. Die ineinandergehenden Hauptsäle und ein Flügelzimmer schmücken bravouröse Rocaille-Stuckdecken des Tirolers Johann Schuler, welche die Deckengemälde Johann Balthasar Bullingers umfassen.

Die Porzellan-Sammlung des Schweizerischen Landesmuseums zeigt vor allem Erzeugnisse der Zürcher Manufaktur Schoren in Kilchberg aus der porzellanbegeisterten Rokokozeit. Ihr Mitbegründer und Modellschöpfer der Manufaktur war der Dichter und Radierer Salomon Gessner.

1–3 Deckenmalerei, Ofenmalerei und Rokokostuck aus der ‹Meisen›. 4 Rokokodetail aus der ‹Meisen›.

*Der ‹Rechberg›*
Das Haus ‹Zum Rechberg›, Hirschengraben 40, einst ‹Zur Krone› (vor dem Kronentor) geheissen, ist das bedeutendste Privatpalais des Ancien Régime. Im Auftrag des Zunftmeisters Werdmüller (1759–70) erbaut,

Haus zum Rechberg. Delphinbrunnen mit Rokokoaufsatz, allegorische Figuren und symmetrischer französischer Garten. 1765–1770.

öffnen sich die Flügel nicht nach der Strasse, sondern nach dem bergseits terrassierten, symmetrischen Park in französischem Stil. Typisch ist auch der Mansardengiebel. Im Innern gehören die Stukkaturen Schulers und die Malereien Bullingers zum Besten der Zeit.

1 Hofportal zum Rechberg-Garten, um 1775.  2 Allegorische Jungfrau im Rechberg-Garten, um 1770.  3 Wasserspeiender Delphin im Rechberg-Garten, von Johann Baptist Babel um 1770.

Blick aus dem Rechberg-Garten durch das Seitentor in die Künstlergasse.

Das um 1740 entstandene Landgut Beckenhof, dessen Park einst bis an die Limmat hinunterreichte, zeigt in einem einfachen Körper mondäne Räume mit Motiven nach Watteau und Boucher an den Wänden und erlesene Rokoko-Stuckdecken. Besonders hübsch ist das kürzlich renovierte Versailles-Zimmer, ein Antichambre mit Szenen aus dem Park von Versailles.

*Besondere Stilmerkmale*
*Barock*
*Schwere, aber zum Himmel zeigende Innenarchitektur. Die Elemente sind prachtvoll im Einzelnen, ordnen sich dem Ganzen aber zur prachtvollen Gesamtwirkung unter. Theatralische Steigerung von Formen, Farben und Bewegungen.*
*Innen ovale Formen, nach aussen gewölbte Wände.*
*Optische Täuschungen und Tricks, die den Raum grösser scheinen lassen.*
*Rokoko*
*Reiche Stukkaturen mit Rocaillen an Decken und Wänden. Pastellfarbige und weisse, leicht wirkende Farbeffekte. Hufeisenförmige Grundrisse mit Ehrenhof im Versailles-Stil. Feine, reiche Schmiedearbeit an Toren und korbartigen Balkonen.*
*Wo möglich, französische, symmetrische Gartenanlage.*

## Klassizismus

*Protest gegen den Schwulst*

**B**ald einmal war man des rein Dekorativen des Rokoko müde, es stand am Ende einer dem Bürger nicht förderlichen Epoche und konnte keine neuen Impulse mehr bringen. Nun schwang das Pendel wieder zurück zu strengen Formen und einem neuen klaren Geist: weg vom Pomp des Barock und der sich selbst gefälligen Raffinesse des Rokoko, das nun als verlogen, frivol und verschwenderisch galt. Klassische antike Schönheit, Geradlinigkeit (auch im Denken) und Natürlichkeit (auch im Wesen der Menschen) waren Forderungen, die eine neue Epoche einleiteten. Den philosophischen Anstoss bot die Aufklärung, die schliesslich auch die Französische Revolution, den Aufstand der Untertanen gegen die Allmacht der Herrscher, auslöste: der Ruf nach Vernunft, Einfachheit, Klarheit, Gesetzmässigkeit und nach der Rückkehr zum durchschaubaren Staat der gebildeten Bürger. Diese ganze Entwicklung wäre ohne die aufklärerischen Schriften des Genfers Jean-Jacques Rousseau (1712–1778) und des Berners Albrecht von Haller (1708–1777) mit seinem idealisierenden Gedicht ‹Die Alpen› nicht denkbar.

Fanden die antiken Bauformen in der Renaissance als Gegenbewegung zur im Mittelalter verwurzelten Kirche eine Wiedergeburt, versuchte man, sie nun gegen den barocken Schwulst der Gegenreformation und des von Frankreich ausgehenden Absolutismus als reine, gesetzmässige, klare und messbare Architektur wieder zu beleben.

Zusätzliche Impulse erhielt der in der 2. Hälfte des 18. Jahrhunderts aufblühende Klassizismus durch die Wiederentdeckung der klassischen griechischen Kunst, die von Winckelmann als ‹edle Einfalt und stille Grösse› gepriesen wurde. Alles sollte nun nach Barock und Rokoko wieder auf die kubische Grundform von Raum, Wand und Decke zurückgebildet werden. Deutliches Merkmal ist das Giebeldreieck des griechischen Tempels, das nun über glatten Säulen den Eingang krönt.

Der Klassizismus als Wiederentdeckung der griechischen Demokratie und ihrer Kunst bestimmte die Zeit von 1780 bis 1830. Für sich abgewandelt und propagiert wurde er von Napoleon I., der als ‹Empereur› an die Cäsaren im antiken römischen Imperium anknüpfen wollte.

1 Die ehemalige Hauptwache mit Tempelfront zum Rathaus. 1824. 2 Haus zum Kronentor, Seilergraben 1. Erbaut 1828.

Von den in Zürich einst zahlreichen klassizistischen Bauten hat sich nur wenig stilrein erhalten, am reinsten die 1824 vollendete alte Hauptwache mit ihrer Tempelfront gegen das Rathaus. Dazu kommt das Helmhaus von 1794 als Gebäude der einstigen Stadtbibliothek. Das

Helmhaus mit frühklassizistischer Arkadenhalle. 1791–94.

alte Casino (heute Obergericht), erbaut 1836–39 nach Plänen von 1824, hat leider durch Umbauten und teilweise Erhöhung stark gelitten. Das 1828 erbaute Haus ‹Zum Kronentor›, Seilergraben 1, ist das beste noch erhaltene Haus der Spätklassizistik. Sehenswert ist auch das sehr schöne 1782 als Privatvilla erbaute Muraltengut, Seestrasse 203.

Bedeutende Baudenkmäler sind schliesslich zwei reformierte Kirchen: das 1836–39 von Leonhard Zeugheer erbaute Neumünster als geschlossener Block mit ionischen Säulen und eingebundenem Frontturm über einer grosszügigen Treppenanlage, und als Landkirche die von Hans Conrad Stadler 1816–17 erbaute Landkirche von Albisrieden mit Säulenportikus und rundbogigem Thermenfenster.

Reformierte Kirche Neumünster, 1836–39 von Leonhard Zeugheer.

1 Klassizistische reformierte Landkirche in Albisrieden. 1816–17 von H. C. Stadler.  2 Haus zum Zeltgarten, Zeltweg 10, erbaut 1838.

## **Biedermeier**

*Die Ruhe nach dem Sturm*

**B**iedermeier, wiederum wie fast alle Stilbezeichnungen anfänglich ein spöttisch-verächtlicher Spitzname, bezeichnet die drei Jahrzehnte zwischen der Verarmung

Haus zum Roten Löwen, Münzplatz 7, Fassade von 1840, mit Mässigkeitsbrunnen von 1761.

in der Zeit der Napoleonischen Kriege und dem neuen Aufschwung durch die Industrialisierung, die mit der Verbreitung der Dampfmaschine und dem Eisenbahnfieber begann. Der Name wollte die Naivität und Spiessbürgerlichkeit der Zeit von 1815 bis 1848 anprangern. Er entstand nach den Gedichten Scheffels aus einer Zusammenziehung der Namen Biedermann und Bummelmaier und meinte einen treuherzigen, philiströs moralisierenden Menschen von kleinbürgerlicher, enger Geisteshaltung. Typisch für die Zeit war das Aufkommen des Poesie-Albums mit dem in Zürich schon 1820 nachgewiesenen Spruch: ‹Glücklich ist, wer vergisst / das, was nicht zu ändern ist.› 1830 malte der Zürcher Ludwig Vogel sein Familienbild ‹In der Gartenlaube›. Als Inbegriff der beschaulichen privaten Häuslichkeit wurde daraus die ‹Gartenlaubenromantik› geprägt. Das Gesellschaftslied des Zürchers David Hess ‹Freut euch des Lebens› wurde in alle Sprachen übersetzt und als ‹Marseillaise des Biedermeiers› bezeichnet. In Deutschland und Österreich wird die Epoche gelegentlich als ‹Vormärz›

‹In der Gartenlaube› mit Blick auf die Predigerkirche. Familienbild von Ludwig Vogel, 1830.

bezeichnet im Hinblick auf die Märzrevolutionen von 1848 gegen das wiedererstarkte Ancien Régime.

In der Architektur zeigte sich eine Abwendung vom kühlen, oft monumental wirkenden Klassizismus. Kleinere Häuschen mit Vorgärtchen und behaglichen kleinen Zimmern wurden gebaut, bei Kommunalbauten zeigte sich eine Adaption des Klassizismus mit Rückbildung auf das bürgerliche Mass.

In Zürich, wo in den 1830er Jahren die Schanzen niedergerissen wurden, erfolgte im Grüngürtel um die Stadt eine reiche Bautätigkeit, von der aber nicht viel erhalten geblieben ist. Typisch sind die 1835 erstellten Zwillingstempelchen am Hechtplatz, die heute leider durch das Hechtplatztheater ihren Charme verloren haben. Hübsch ist auch die am Neumarkt 13 erhaltene

1 Hotel Baur en ville. 1836–37. Um 1908 um ein Geschoss aufgestockt. 2 Baur en ville mit klassizistischen Säulen, um 1890.

Biedermeierliche Atmosphäre an der Obmannamtsgasse.

Biedermeierfront. Bemerkenswert sind die allerdings erst 1857–59 entstandenen Geschäftshäuser ausserhalb der Stadtmauer: die fünfmal gebrochene Häuserflucht zwischen der Poststrasse und dem Schanzengraben, in dessen Eckhaus sich die Konditorei Sprüngli befindet. Das Hotel ‹Baur en Ville›, erstes 1837 eröffnetes modernes Hotel, hat leider durch die spätere Aufstockung viel von seinem Ebenmass eingebüsst.

Eine besonders graziöse Biedermeierfassade mit klassizistischem Dreiecksgiebel besitzt schliesslich das Haus ‹Zum Roten Löwen›, Münzplatz 7, einst das Haus der Glockengiesserfamilie Füssli.

## Historismus

*Repräsentation der Ratlosigkeit*

**D**as 19. Jahrhundert war etwa von seinem zweiten Drittel an eine Epoche der gewaltigsten politischen, wirtschaftlichen und sozialen Veränderungen. Zum rapiden Wachstum der Bevölkerung kam die industrielle Revolution, begründet durch die von England aus das europäische Festland überflutenden Dampfmaschinen und Eisenbahnen. Die Städte wuchsen zu Grossstädten an, Verkehr und Industrie verschlangen riesige Mengen an Eisen und Kohle. Dies blieb nicht ohne Auswirkungen auf die Architektur, die sich vor eine bisher nie gekannte Fülle von Bauaufgaben gestellt sah, besonders in den Städten, wo überall die Festungswälle fielen, Boulevards und Arbeiterquartiere entstanden, aber auch viel grössere Kirchenbauten, Theater, Bahnhöfe, Fabrikbauten, Verwaltungsgebäude und Fabrikantenvillen.

Bis gegen die Jahrhundertmitte baute auch der fortschrittliche Architekt im Rahmen des zu seiner Zeit gültigen Baustils, freilich immer wieder versuchend, den vorgegebenen Raster in seinem Sinne weiterzuentwickeln. In der ersten Hälfte des Jahrhunderts hatte man als Gegenbewegung zum überwuchernden Barock in den klaren Formen der klassischen Antike gebaut. Dazwischen waren es immer wieder neugotische Kirchen als Anknüpfung an das mystische Mittelalter und an die eigene nationale Vergangenheit. Dazu kamen neugotische, auch neogotisch genannte Ratshäuser, Bahnhöfe, Villen usw. Was die Architekten faszinierte, war die technische Perfektion des gotischen Strebewerks, des Skelettbaus, der nun mit der aufkommenden Eisen- und Stahlbautechnik nachkonstruiert wurde.

Die Tendenz der historischen Nachahmung kam zuerst in England auf. Die Zürcher Helfereikapelle beim Grossmünster (1858/59, von J. J. Breitinger) ist ein interessantes Beispiel englischer Tudorgotik.

Doch nun erinnerte man sich um 1850 auch der Renaissance, des stolzen Baustils blühender Stadtrepubliken wie Florenz und Siena. Am Anfang dieser Perioden entstanden in Bern das Bundeshaus, in Zürich das Eidgenössische Polytechnikum (heute ETH) als ein Bauwerk von höchstem Rang, desgleichen Wanners Zürcher (Haupt-)Bahnhof. Seine grosse, stützenfreie Halle, in die einst die Züge einfuhren, ist eine technische Meisterleistung. ‹Grösser als der Kölner Dom›, rühmte man. Die beiden kleinen Glockentürme erinnern daran, dass man Bahnhöfe gerne im Stile alter Kirchen baute, da man in der Architektur grosser Räume kaum andere Erfahrungsbeispiele hatte.

In dieser Zeit trat der Ingenieur, vor allem der Eisenkonstrukteur, neben den Architekten, dies zuerst in England, wo die Eisenindustrie am weitesten fortgeschritten war. Den Traum der Engländer, einmal mit der neuen Technik einen tausend Fuss hohen Turm bauen zu können, realisierte der Ingenieur Gustave Eiffel in Paris für die Weltausstellung 1889. Englisches und französisches Bauen standen damals in harter Konkurrenz, und vor allem Frankreich versuchte sich mit allen Mitteln den Vorrang zu sichern.

Gegen Ende des Jahrhunderts wurde der Barock wieder entdeckt. Diese Richtung wurde besonders an der Technischen Hochschule in München gepflegt, an der viele Schweizer Architekten studierten. In Bayern war der Barock, ursprünglich der katholische Stil der Gegenreformation, viel tiefer verwurzelt als bei uns.

Da nun die historischen Stile grossen Anklang fanden – Neurenaissance und Neubarock gab es bereits an Villen und Mietshäusern –, warum sollte man nicht auch neuromanisch bauen? In diesem antiken Stil entstand schon 1851–53 anstelle der einstigen Chorherrenschule das ans Grossmünster angebaute Mädchenschulhaus von Gustav Albert Wegmann, heute Theologisches Seminar. Im Innenhof wurde der romanische Kreuzgang mit Originalteilen restauriert. Bemerkenswert ist auch die in Unterstrass stehende katholische Liebfrauenkirche (1893/94, von August Hardegger), ein der frühchristlichen Tradition nachempfundener Basilikabau, der als bedeutendster dieser Art in der Schweiz gilt.

Doch nicht genug: Schliesslich baute man spanisch, türkisch, byzantinisch und ägyptisch. Es waren vor allem die Villen der späteren Gründerzeit, an denen sich die Repräsentationslust weltverbundener Unternehmer niederschlug.

Bahnhof mit Alfred Escher-Denkmal um 1890.

Die Zeit des Historismus fiel mit Zürichs grosser Bauentwicklung zusammen, die in der ersten Eingemeindung von 1893 ihre stärkste Expansion erlebte. Der Bestand an historisierenden Baudenkmälern ist deshalb erstaunlich gross.

Bau der Schweizerischen Kreditanstalt, erbaut 1873–77. Foto um 1882.

*Markante Gebäude*
*Eidgenössische Technische Hochschule* (ETH, früher Polytechnikum): *Bedeutendster Bau Zürichs im neuklassischen Stil, 1858–64, von Gottfried Semper, dem wichtigsten Anreger der Neo-Renaissance-Architektur. Seine Hauptwirkungsorte waren Dresden, Zürich und Wien.*
*Zürcher Hauptbahnhof:* *Neurenaissance-Stil mit römischem Triumphbogen als Haupteingang, 1865–71, von Jakob Friedrich Wanner.*
*Schweizerische Kreditanstalt* am Paradeplatz: *Ein imposanter Bau mit Renaissance- und Barockelementen, 1873–76, von Jakob Friedrich Wanner.*
*Schweizerisches Landesmuseum:* *Im Stil einer grossen Burg mit gotisierenden Elementen, 1893–98, von*

Schweizerisches Landesmuseum, erbaut 1893–98 von Gustav Gull.
Foto um 1900.  2 Im Hof des Landesmuseums.

*Gustav Gull. Hauptvorbild für das Landesmuseum war das Hohenzollern-Schloss in Hechingen.*
*Opernhaus: Neubarockes Theater, 1890/91, von Ferdinand Fellner und Hermann Helmer.*
*Hirschengraben-Schulhaus: Neugotischer Backstein-*

1 Neubarockes Opernhaus, erbaut 1890–91 von Ferdinand Fellner und Hermann Helmer. 2 Schulhaus Hirschengraben. Neugotischer Backsteinbau, 1893 von Alexander Koch.

*bau, 1893, von Alexander Koch.*
*Fraumünsterpost:* In toskanischem Frührenaissance-Stil, 1895–98, von J. E. Schmid-Kerez.
*Stadthaus:* Der ursprüngliche Bau im Renaissance-Stil (Ecke Fraumünsterstr./Kappelergasse), 1883/84,

1 Fassadenplan zum Schulhaus Hirschengraben. 2 Dach des Schulhauses Hirschengraben mit verwirrenden Stilkombinationen.

*von Arnold Geiser, wurde 1898–1901 durch Gustav Gull zum heutigen Stadthaus mit mittelalterlichen Bauelementen erweitert. Im Innern des Gebäudes befindet sich eine lichte, über alle Stockwerke hinaufreichende Halle im Stil italienischer Renaissance-Paläste.*

1 Eingangshalle zum Schulhaus Hirschengraben mit reicher Stuckdekoration.  2 Schulhaus Hirschengraben. Dekorationsdetail.

*Wohnhäuser*
*Weisses Schloss* am General-Guisan-Quai: Grosses Mietshaus in den Formen des französischen Frühbarock, 1890–92 von Heinrich Honegger erbaut. Es repräsentierte den modernen Wohnstil der Jahrhundertwende.

1 Haus zum Weissen Schloss am General Guisan-Quai, erbaut 1890–93 im Stil des französischen Manierismus. Foto um 1900.
2 Haus zum Gryffenberg und Metropol an der Börsenstrasse. Foto um 1900.

_Rotes Schloss_ am General-Guisan-Quai: Grosses Mietshaus im feudalen Stil der Loire-Schlösser mit starker Häufung von Mittelalter- und Renaissance-Details und reizvollem Barock-Entrée, 1891–93 von Heinrich Ernst erbaut.

Villa Wesendonck, heute Rietberg-Museum, erbaut 1857 im neoklassischen Stil von Leonhard Zeugheer.

*Kirchen*
*Grossmünstertürme:* Als frühestes Beispiel historisierender Spätgotik gelten in Zürich die heutigen 1787 entstandenen polygonen Turmhauben, eine Konstruktion aus Holz und bemalten Kupferplatten, anstelle der

Eine der 1787 erbauten Grossmünster-Turmhauben als frühes Beispiel der Neogotik. 2 Grossmünsterkapelle, 1857–60, mit Tudorgotik-Fenster und neogotischem Brunnen um 1860.

1763 abgebrannten Spitzhelme.
*Ref. Grossmünsterkapelle* bei der Helferei: Als Bethaus 1857–60 von J. J. Breitinger in den Formen der englischen Tudorgotik mit im Innern verkleideten Eisenpfeilern. Davor neugotischer Brunnen um 1860.
*Ref. Kirche Unterstrass:* Neogotische Kirche, 1883–84, von Paul Reber. Im Innern heute gänzlich umgestaltet.
*Ref. Kirche auf dem Bühl,* Wiedikon: Neugotischer Zentralbau, nach der Restaurierung von 1985 eines der bedeutendsten Baudenkmäler des Historismus, 1895–96, von Paul Reber.
*Ref. Kirche Enge:* Neurenaissance-Bau, Kreuzkuppel mit seitlichem Turm, 1892–94, von Alfred Friedrich Bluntschli.

*Kath. Liebfrauenkirche in Unterstrass:* Im Stile einer altchristlichen, dreischiffigen Säulenbasilika, 1893–94, von August Hardegger.
*Predigerkirche:* Der einstigen, nur mit einem Dachreiter als Zeichen der Armut versehenen Dominikanerkirche

Reformierte Kirche auf dem Bühl in Wiedikon. Neugotischer Zentralbau, 1895–96 von Paul Reber. 2 Katholische Liebfrauenkirche in Unterstrass im Stil einer altchristlichen Basilika, 1893–94 von August Hardegger. 3 Interieur der Bühl-Kirche in Wiedikon.

Stadthaus mit mittelalterlichen Elementen, 1898–1901 von Gustav Gull.

*wurde 1898 von Gustav Gull ein neugotischer Turm angefügt. Er ist der höchste in der Altstadt und wurde den spätgotischen Grossmünstertürmen nachgebildet.*
*Fraumünster: Die ursprünglich schmucklose Westfront wurde 1911/12 durch Gustav Gull in neugotischer Manier mit Portal und Fenstermasswerk umgearbeitet.*

*Strassenzüge*
*Bahnhofstrasse: Der Bau dieses Boulevards anstelle des ehemaligen Fröschengrabens und der Stadtmauer erfolgte in der Mitte der zweiten Jahrhunderthälfte nach französischem Vorbild. Viele Neubauten haben die alte Einheit seither gestört.*
*Stadthausquai: In den siebziger Jahren entstand hier eine geschlossene Reihe repräsentativer Kommunal-*

Fassaden an der Fraumünsterstrasse als weitgehend erhaltene Rückseiten der Bahnhofstrassebauten nach Pariser Vorbild.

*und Privatbauten als Revue der historischen Baustile.*
*Fraumünsterstrasse: Wie die Bahnhofstrasse und das Stadthausquai einst aussahen, zeigen uns die Fluchten der Fraumünsterstrasse: Sie kopieren rechts den einstigen Stil der Bahnhofstrasse, links denjenigen des Stadthausquais.*

Humoristisches Detail am Stadthaus.

## Jugendstil

*Die letzte gewachsene Ornamentik*

**D**ie Ausartung der historischen Schmuckformen zu oft grotesken Fassadenzerrbildern zeigt, dass der Historismus kein organischer Stil mit den Merkmalen der Zeit

Ladenfassade von 1903 im Jugendstil, Spiegelgasse 16.

war. In den Jahrzehnten der aufkommenden Eisenkonstruktionen und neuer Baumaterialien baute man an der Oberfläche in einem längst vergangenen Stil, der nun mit ganz anderen Werkstoffen und physikalischen Gesetzmässigkeiten nachgeahmt wurde. Ausgerechnet in der Epoche des technischen Fortschritts baute man retrospektiv. ‹Weg von der Nachahmung› war schliesslich die Devise, aus der der Jugendstil erwuchs. Es war der mit Geist und jugendlichem Schwung unternommene Versuch, aus den lebendigen Interessen der Zeit heraus eine neue Formenwelt zu entwickeln.

Der Jugendstil war wie das Rokoko vor allem ein Dekorationsstil. Nach den Irrungen und Wirrungen des Historismus hatten sich die divergierenden Geschmacksrichtungen wieder zu einer ganz neuen

Ornamentik zusammengefunden, die alles umfasste: Architektur, Glasfenster, Möbel und vor allem viele kunstgewerbliche Erzeugnisse wie Lampen, Schmuck, Textilien, Glaswaren und Nippsachen. Der Jugendstil – in Frankreich Art Nouveau, in England Modern Style, in

Jugendstil im ehemaligen Goetheanum in Dornach, das 1922 einem Brand zum Opfer fiel.

Jugendstil-Malerei von Antonio de Grada am Haus Bleicherweg 45.

Italien zutreffend Stile Floreale – kündigte sich kurz vor der Jahrhundertwende an und erreichte vor dem Ersten Weltkrieg seinen Höhepunkt. Er hatte grosse Wirkung in Deutschland, wo er seinen Namen von der 1896 in München gegründeten, avantgardistische Tendenzen verfolgenden Zeitschrift ‹Jugend› erhielt. Die Bewegung wurde vor allem von Malern, Graphikern und Kunstgewerblern getragen. Befolgt wurde sie von der wirtschaftlichen Oberschicht, doch die Spitzenprodukte wurden bald von den Warenhäusern nachgeahmt, übertriebene Ornamentik verdeckte das billige Material.

In seinen zumeist pflanzlichen Motiven trägt der Jugendstil bereits nostalgische Züge als Reflex auf das Grau der grossen Städte, die im 19. Jahrhundert unorganisch gewachsen waren.

Als Prachtexemplar der Jugendstil-Architektur gilt das Haus Bleicherweg 45: Die drei Erkervorbauten und die Balkonnischen sorgen für eine reiche Gliederung des Baukörpers. Die Fassadenmalereien von Antonio de Grada, die die Putzflächen bedecken, sind von hoher Qualität. Dargestellt sind die vier Tageszeiten, symbolisiert durch vier Frauengestalten. Der ganze Baukomplex zwischen dem Bleicherweg und der Dreikönigstrasse besteht aus fünf Jugendstilhäusern, die 1905/06 von den Architekten Chiodera und Tschudi erbaut wurden.

In der Schweiz entstanden da und dort Villen und Privathäuser mit Jugendstil-Elementen, vor allem mit Jugendstil-Glasfenstern in den Treppenhäusern. Dem Stil zuzurechnen ist das Dornacher Goetheanum und die anthroposophischen Wohnhäuser. In Zürich finden sich einzigartige Jugendstil-Interieurs in der Villa Tobler auf der Winkelwiese, eingebaut wurden sie 1898 von Hans Eduard von Berlepsch.

Ein besonders schönes Jugendstilobjekt ist die 1903 für die damalige Wurstfabrik Ruff erstellte Ladenfassade am Haus Spiegelgasse 16 aus Walzeisenprofilen, maschinell geprägten Ornamentbändern, handgeschmiedeten Ranken und gegossenen Blumen.

*Besondere Merkmale des Jugendstils*
*Die bewegte ornamentale Linie ist beherrschend, alles ist in Bewegung. Leuchtende Farben und schönes Material herrschen vor. Wesentlichstes Merkmal in der Bildkunst ist die Negierung des Räumlichen zugunsten einer durch linear-schwingende Ornamentik organisierten Fläche. Die vielen Blumen- und Pflanzenmotive sind oft in arabesker Weise verschlungen.*

## ‹neues bauen›

*Die Maschine des modernen Menschen*

**M**it der Gründung des Dadaismus an der Zürcher Spiegelgasse – heute erinnert eine Gedenktafel daran – protestierten 1916 im Ersten Weltkrieg in die Schweiz

Arnold Geiser-Brunnen, 1911 von Jak. Brüllmann, am Bürkliplatz.

emigrierte Künstler gegen die Verlogenheit der tonangebenden Gesellschaft, die sich hinter schönen Fassaden versteckte und zum mörderischen Krieg patriotische Parolen ausheckte. ‹Wir sch … auf die Schönheit›, rief der junge Arzt Richard Huelsenbeck aus, ‹streift die Schablonen ab, lasst die Masken fallen!› Der Dadaismus griff bald auf die ganze westliche Welt über, vor allem auf das kriegsversehrte Deutschland. Die Architektur brach mit den Formen der Vergangenheit und propagierte den Funktionalismus. Ein Gebäude soll kein verschnörkeltes Denkmal und kein verstaubtes Museum sein. Wenn es wie eine Maschine zweckmässig funktioniert, ist es auch ‹schön›. Wichtigster Promotor des Funktionalismus wurde das 1919 in Weimar gegründete ‹Bauhaus›, eine Schule für Architektur, bildende Künstler und Hand-

1 Kunstgewerbe-Museum, Ausstellungstrasse 60, erbaut 1930–33 von Karl Egender und Adolf Steger. 2 Im Zürcher Kunsthaus, Treppenhaus von Karl Moser, 1910, das bereits die Kunstrichtung der Moderne antönte.

Zett-Haus, Badenerstrasse 16. Geschäftshaus mit Kino, 1930–32 von Carl Hubacher und Rudolf Steiger.

werker, die 1924 nach Dessau übersiedelte und mit der schon 1907 gegründeten Werkbund-Bewegung zusammenarbeitete. Deren Ziel war die richtige Verwendung schöner Werkstoffe, die weder falschen Prunk vortäuschen noch von aufgesetzten Ornamenten vergewaltigt werden. Damit war der babylonischen Stilverwirrung, bald auch der florealen Ornamentik des Jugendstils eine klare Absage erteilt.

Die massgebenden Stilformen waren immer an jenen Bauaufgaben entstanden, die in ihrer Zeit als die wichtigsten empfunden wurden. Im Altertum war es der Säulentempel, im Mittelalter die Kirche, in der Renaissance der Palastbau. Der auseinanderklaffende Reichtum der historischen Stile in der zweiten Hälfte des 19. Jahrhunderts entsprach der Fülle der Bauaufgaben:

Mietkasernen, Museen, Theater, Bahnhöfe, Geschäfts- und Rathäuser. Demgegenüber trat nun mit dem zweiten Jahrzehnt unseres Jahrhunderts der Fabrikbau stilbildend in den Vordergrund. Das allmähliche Heraustreten des technischen Stils ist eine der interessantesten

Werkbundsiedlung Neubühl, 1930–32 an der Nidelbadstrasse als Prototyp einer Gesamtüberbauung.

Erscheinungen der Stilgeschichte der neuesten Zeit. Bald wurde er auch auf alle übrigen Bauaufgaben ausgedehnt. So entstand in den zwanziger Jahren die Bewegung ‹neues bauen›, deren radikale Ablehnung von unnötigem Zierat schon durch die Hinwendung zur totalen Kleinschreibung zum Ausdruck kam.

Das hervorstechende Merkmal der Bauten des ‹neuen bauens› war ihr grundsätzlicher Verzicht auf Fensterachsen und sich pfauenhaft spreizende Symmetrie. Grosse Fensterflächen sollten für Licht, Luft und Sonne in den Arbeits- und Wohnräumen sorgen. Möglich wurde dies durch den Eisenbeton- und Stahlskelettbau. Augenfälligstes Merkmal war aber das Flachdach; es wirkte bewusst als der radikale Bruch mit allem Herkömmlichen und gab dem Baukörper eine kubistischabstrakte Klarheit. Bald wurde das Flachdach auch im Publikum als das Stilmerkmal der Modernität der zwanziger Jahre empfunden.

Geschäftshauskomplex als Rasterbau nach dem Zweiten Weltkrieg an der Sihlporte.

‹neues bauen› in Zürich
*Zett-Haus mit Kino ‹Roxy›:* Ein Geschäftshaus in Stahl und Glas mit den technischen und formalen Mitteln des Fabrikbaus, 1930–32, von Carl Hubacher und Rudolf Steiger.
*Werkbundsiedlung Neubühl:* Diese 1930–32 entstandene Wohnsiedlung an der Nidelbadstrasse gilt als Prototyp einer Gesamtüberbauung im Stil des ‹neuen bauens›. Trotz Standardisierung der Elemente erlaubt die Siedlung differenzierte Wohnansprüche. Architekten waren Max Haefeli, Carl Hubacher, Rudolf Steiger, Werner M. Moser, Emil Roth, Paul Artaria und Hans Schmidt.

## Heimatstil

*Tradition der Nation*

Darf man diese Bautendenz, die kurz vor dem Zweiten Weltkrieg begann, überhaupt als Baustil bezeichnen? Sie beschränkt sich zumeist auf Interieurs, auf die Wohnstube in Arvenholz und auf die Wirtshausstube mit Holztäfer, stabellenähnlichen Stühlen, Zinnkrügen und karierten Vorhängen. Diese Tendenz zur nationalen Bautradition ist in allen Ländern nachzuweisen: nationale und regionale Individualität als Abkehr vom modernen internationalen Baustil, Rückkehr von Glas und Beton zu heimatgebundener Intimität und Wärme.

‹Wer will schon in einer Fabrik wohnen?› war die Antwort auf den schmucklosen, technischen Baustil der zwanziger Jahre, der auf jede Intimität verzichtete. Die Trennung in eine Architektur der Arbeitsstätte und eine des Wohnens und sich Wohlfühlens war früher oder später zu erwarten. Dazu kamen einige äussere Sachzwänge: Die Weltwirtschaftskrise der dreissiger Jahre und die Devise ‹Ehret einheimisches Schaffen!› favorisierte die Rückbesinnung auf eigene Werkstoffe, vor allem auf Holz. Die beginnende Kriegsbedrohung nach 1936 zwang zudem zur nationalen Selbstbesinnung, die in der Zürcher Landesausstellung 1939 ihren überzeugenden Höhepunkt fand. Dazu kam die Bewegung des Heimatschutzes, der auf die Vielfalt schweizerischer Bautypen und ihren drohenden Verlust hinwies.

Vom Historismus des späten 19. Jahrhunderts unterschied sich die Heimatstil-Bewegung darin, dass sie nicht die Formen des historischen Monumentalbaus auf das Wohnhaus übertrug, sondern die des historischen Wohnhausbaus, der während Jahrhunderten aus dem täglichen Bedürfnis, den klimatischen Gegebenheiten und den lokal vorhandenen Baumaterialien zu überzeugender Schönheit herangewachsen war. Sie entwickelte Verständnis für die Schönheit fundamentaler Baustoffe und ihrer handwerklichen Bearbeitung. Holz als Werkstoff und die Abkehr vom Flachdach wurden zu typischen Merkmalen dieses nationalen Stils, der in den gelungensten Fällen einen organischen Eindruck machte. Doch vieles blieb nur Imitation und billige Attrappe.

Dass der Heimatstil im übrigen zu erwarten war und heute – in der Welt von Hochhäusern und seelenlosen Grossquartieren – noch immer das Wohnen beeinflusst, lässt sich leicht nachweisen. Die naivste, am wenigsten durchdachte Heimatschutzidee führte zur unmittelbaren Imitation alter Bauten, so 1892–98 am Schweizerischen Landesmuseum, am einstigen Waldhaus Dolder und am Grand Hotel Dolder als typische Vertreter einer viel Holzwerk zur Schau stellenden Türmchen-Architektur von 1895 bis 1899. Eine zweite Welle des Heimatschutzbestrebens erreichte Zürich kaum, doch in Bern entstanden vor dem Ersten Weltkrieg Geschäftshäuser im Stil des bernischen Barock und im Bündnerland Hotels mit einheimischen Stilelementen; in Küblis wurde das Kraftwerk als technisches Grosswerk in überzeugender Weise in landesübliche Formen gekleidet. Beispielhafte Ergebnisse hat die nach 1936 entstandene Heimatstilwelle kaum gezeitigt, doch die Tendenz zum behaglichen Wohnen mit ehrlicher, werkgerechter Einrichtung hat vielen die Augen für die eigene Tradition und die nationalen Schönheiten geöffnet. Eine Folge dieser Bewegung ist das Interesse an Antiquitäten und schönen alten Möbeln. Eine Entgleisung des Heimatschutzgedankens ist es aber, wenn Chalets am Zürichsee und Genfersee errichtet werden, wo solche Holzbauten nie üblich waren.

Ein Baustil kann nicht einfach bedenken- und gedankenlos kopiert werden. Wesentlich sind auch der Standort und die Eingliederung, die das heute wieder besonders beachtete denkmalpflegerische Ensemble ausmachen. Zürich darf sich rühmen, schöne Beispiele der verschiedensten Baustile zu umfassen, die – da sie nie übertrieben aufwendig oder gar pompös waren – in schönster Weise harmonieren. Schon ein kurzer Spaziergang durch unsere Altstadt zeigt das Leben, Streben, Denken und Empfinden früherer Epochen in einer gewachsenen Stadt auf engem Raum.